ABUELO

QUIERO

ESCUCHAR

TU HISTORIA

Publicado por Midsummer Bloom Books
1621 Central Ave, Cheyenne, WY 82001, EE. UU.

Primera edición: junio de 2025
Impreso en los Estados Unidos de América

Índice

Tus Historias Son Tesoros de Familia   4

Días Descalzos   7

Creciendo Fuerte   19

Encontrando el Camino   31

Corazones Entrelazados   39

El Viaje de Papá   49

El Valor del Trabajo   55

El Ancla de la Familia   63

Amor Multiplicado   71

Las Pasiones de un Hombre   79

Sabiduría para el Mañana   89

Tus Historias Son Tesoros de Familia

¿Recuerdas esos momentos especiales, abuelo? A veces sucedían en tu silla favorita, o mientras caminabas por tu jardín, o quizá durante esas cenas familiares cuando algo despertaba un recuerdo de hace mucho tiempo. Podía ser una foto en blanco y negro, una vieja canción en la radio o incluso el aroma de pan recién horneado que te transportaba al pasado. Cada vez que surgían esos recuerdos, todos nos acercábamos, ansiosos por escuchar más.

De eso se trata este libro. Porque detrás de ser nuestro querido abuelo – ese que nos consiente con dulces y con sabiduría por igual – hay toda una vida de aventuras de la que solo hemos visto fragmentos. No solo los capítulos de ser abuelo, sino las historias reales: sobre crecer en otros tiempos, sobre cómo era el mundo, sobre sueños cumplidos y otros que quedaron atrás.

Cada página de este libro es solo el comienzo. Una suave invitación a volver a ser aquel niño que jugaba canicas en la calle, el joven que vivió momentos históricos, el padre que formó a su familia cuando el mundo era tan diferente al de hoy. Estos no son solo tus recuerdos: son nuestra herencia, nuestras raíces, nuestro tesoro.

Tómate tu tiempo con estas páginas. Tal vez las historias surjan durante tu café de la mañana, o mientras ves el atardecer desde tu porche, o en esas tranquilas tardes en las que los recuerdos suelen visitarte. No hay prisa – tu sabiduría ha aprendido el valor de ir despacio.

Mira, abuelo, cuando compartes tus historias, ya sean relatos de triunfos o lecciones aprendidas a base de esfuerzo, nos estás dejando algo más valioso que cualquier herencia. Tus experiencias conectan generaciones, llevándonos a tiempos y lugares que solo podemos imaginar a través de tus ojos.

Así que acomódate en tu lugar favorito. Tal vez con ese dulce que siempre tienes cerca, o esa bebida cálida que ayuda a que las historias fluyan. Deja que tus recuerdos se paseen por las décadas que has vivido y la vida que has construido.

Tus historias importan, abuelo. No son solo recuerdos: son los hilos que tejen el tapiz de nuestra familia. Y aquí estamos, listos para escucharlas y para llevarlas con nosotros hacia el futuro.

Cómo Usar Este Libro

Esta es tu historia: no hay un orden que seguir, ni reglas que obedecer. Elige cualquier pregunta que despierte un recuerdo y comienza a escribir. Salta de una a otra, vuelve más tarde o detente en los momentos que más signifiquen para ti.

Recuerda, estas preguntas son solo puertas a tus recuerdos. Tus respuestas podrían llevarte por caminos inesperados, y eso está perfectamente bien. Este libro no se trata de escribir perfectamente, sino de capturar tu viaje único con tu propia voz.

El Tiempo Ha Pintado Plata en tu Cabello

Años de historias reunidas con esmero,

De niño descalzo a hombre lleno de orgullo,

A través de cambios profundos y océanos
inmensos,

Tu vida es un libro de lecciones aprendidas,

De puentes construidos y sabiduría ganada.

Cuéntanos, abuelo, sobre días pasados,

Sobre los sueños que te ayudaron a tocar el cielo.

1

Días Descalzos

Toda vida comienza con asombro. Cuéntanos sobre tus primeras aventuras, una infancia llena de la magia de la juventud, descubrimientos y pertenencia.

Nuestro Hogar Familiar

Piensa en la casa donde creciste, un lugar lleno de recuerdos. Cada rincón de ese lugar guarda historias que ayudaron a formar quién eres hoy. ¿Qué hacía especial al lugar que llamabas hogar?

1. ¿Cómo era la casa de tu infancia y cuál era tu habitación favorita?

2. ¿Qué sonidos y olores recuerdas más de tu hogar?

3. ¿Cómo era el vecindario alrededor de tu casa?

Amigos de la Infancia

Antes de que la tecnología llenara el tiempo libre, los niños inventaban su propia diversión. Piensa en los amigos que compartieron tus primeras aventuras y las alegrías simples de jugar juntos. ¿Quiénes fueron los compañeros más importantes de tu infancia?

1. ¿Quién fue tu mejor amigo mientras crecías y qué lo hacía especial?

2. ¿A qué juegos jugaban con los niños del vecindario?

3. ¿Cuál era tu lugar favorito para pasar tiempo con amigos y por qué?

Días de Escuela

El aula fue donde pasaste gran parte de tu juventud. Algunas lecciones venían de los libros, mientras que otras se aprendían en los pasillos y en los patios de recreo. ¿Cómo recuerdas tus primeros años de educación?

1. ¿Cómo era tu escuela primaria y cómo llegabas allí cada día?

2. ¿Quién fue tu maestro favorito y qué lo hacía especial?

3. ¿Qué solías llevar de almuerzo y con quién lo compartías?

Ayudando en Casa

De niño, aprendiste responsabilidad ayudando en casa. Esas pequeñas tareas te enseñaron habilidades valiosas y cómo incluso unas manos jóvenes podían contribuir a la vida familiar. ¿Qué papel tenías en el funcionamiento del hogar?

1. ¿De qué tareas regulares eras responsable cuando eras niño?

2. ¿Qué tarea te disgustaba más y cuál disfrutabas?

3. ¿Qué pasaba si olvidabas hacer tus tareas?

Comidas en Familia

Reunirse en la mesa era más que solo comida. Estos momentos diarios acercaban a la familia para compartir historias y conectar entre sí. ¿Cómo eran las comidas en tu hogar?

1. ¿A qué hora solían cenar y quién preparaba la comida?

2. ¿Cuál era tu comida favorita que cocinaban tu mamá o tu papá?

3. ¿De qué temas o historias hablaban en la mesa?

Celebraciones Especiales

Los días festivos y celebraciones crearon momentos memorables durante tu infancia. Estas ocasiones especiales ayudaron a formar tradiciones familiares y recuerdos duraderos. ¿Cómo marcaba tu familia los días importantes?

1. ¿Cómo celebraba tu familia tu cumpleaños cuando eras pequeño?

2. ¿Cómo era la mañana de Navidad (u otra festividad importante) en tu hogar?

3. ¿Qué celebración de tu infancia destaca más en tu memoria y por qué?

Travesuras de la Infancia

No todas las experiencias de la infancia fueron tranquilas. A veces, las mejores lecciones venían de errores, travesuras o probar límites. ¿Qué percances memorables te enseñaron importantes lecciones de vida?

1. ¿Qué fue lo más travieso que hiciste de niño?

2. ¿Alguna vez rompiste o dañaste algo importante? ¿Qué pasó después?

3. ¿Cómo solían disciplinarte tus padres cuando te portabas mal?

Amigos Peludos

Los animales de tu niñez ofrecían compañía y te enseñaban responsabilidad. Estas relaciones especiales crearon lazos y recuerdos que suelen durar toda la vida. ¿Qué animales formaron parte de tus primeros años?

1. ¿Cuál fue tu primera mascota y cómo llegó a ser parte de tu familia?

2. ¿Qué responsabilidades tenías al cuidar de tu mascota?

3. ¿Cómo pasabas tiempo con tu mascota?

Libertad de Verano

Piensa en aquellos despreocupados días de verano de tu infancia. Cuando no había escuela, ¿cómo llenabas esos largos días soleados? Comparte los lugares especiales, actividades y delicias que hicieron mágico el verano para ti.

1. ¿Cómo pasabas la mayoría de los días de verano durante tu niñez?

2. ¿Tu familia se iba de vacaciones? ¿Adónde iban?

3. ¿Qué comidas y golosinas de verano recuerdas disfrutar más?

Creciendo con Hermanos

Los hermanos pueden ser tanto tus mayores rivales como tus defensores más leales. ¿Cómo fue compartir tu infancia con ellos? Reflexiona sobre el vínculo especial que formaron a través de juegos, discusiones y momentos de apoyo mutuo.

1. ¿A qué juegos jugabas con tus hermanos que tus padres nunca supieron?

2. ¿Cómo dividían el territorio en la casa?

3. ¿Cuál es la pelea más grande que recuerdas con un hermano y cómo se reconciliaron?

Sabiduría de los Mayores

Tus abuelos te conectaron con la historia y las tradiciones familiares. ¿Qué recuerdos especiales tienes del tiempo que pasaste con ellos? Piensa en las habilidades, historias y sabiduría que compartieron y que todavía te influyen hoy.

1. ¿Qué habilidades o pasatiempos te enseñaron tus abuelos?

2. ¿Qué historias contaban sobre su propia infancia?

3. ¿Hay algún dicho o consejo de tus abuelos que se haya quedado contigo?

2

Creciendo Fuerte

Entre la niñez y la adultez hay un tiempo de transformación. Queremos escuchar las historias de cómo te descubriste a ti mismo, probaste límites y te convertiste en el hombre que llegarías a ser.

Convertirse en Adolescente

La adolescencia trae cambios emocionantes y nuevos desafíos. ¿Cómo navegaste esta etapa entre la niñez y la adultez? Reflexiona sobre cómo empezaste a desarrollar tu identidad durante estos años de transformación.

1. ¿Cómo cambió tu relación con tus padres durante estos años?

2. ¿Qué nuevas responsabilidades llegaron con la adolescencia?

3. ¿Quién fue la persona que más te inspiró o influyó en tu adolescencia?

La Secundaria

La secundaria forma un capítulo significativo en la vida de muchas personas. ¿Qué es lo que más recuerdas de esos días escolares? Piensa en las clases, los profesores y las experiencias sociales que marcaron tu mundo adolescente.

1. ¿Cómo era tu secundaria y qué materias te fascinaban más?

2. ¿Quién fue tu profesor favorito y qué hacía especial su clase?

3. ¿Cómo era tu vida social en la secundaria?

Poniendo a Prueba los Límites

Es natural que los adolescentes desafíen las reglas y expectativas. ¿De qué maneras probaste los límites o afirmaste tu independencia? Comparte cómo estas experiencias te enseñaron sobre las consecuencias y ayudaron a definir tus valores.

1. ¿Alguna vez te escapaste de noche? ¿A dónde fuiste?

2. ¿Qué aventura rompiendo las reglas te metió en más problemas?

3. ¿Cómo reaccionaron tus padres cuando empujaste los límites?

El Campo de Juego

Las actividades físicas y los pasatiempos a menudo se vuelven importantes durante la adolescencia. ¿Qué actividades captaban tu interés y energía? Piensa en cómo estas actividades te ayudaron a desarrollar habilidades y confianza.

1. ¿Qué deportes o actividades te apasionaban más como adolescente?

2. ¿Qué habilidades te enseñaron estos pasatiempos más allá de la actividad misma?

3. ¿Ganaste alguna competencia o premio? ¿Cómo fue esa experiencia?

Decisiones Importantes

La adolescencia incluye tomar decisiones que pueden influir en tu futuro. ¿Qué elecciones significativas enfrentaste durante esta etapa? Reflexiona sobre cómo navegaste esos cruces de caminos y qué aprendiste de tus elecciones.

1. ¿Cuál fue la primera gran decisión que tomaste de manera independiente como adolescente?

2. ¿Cómo decidiste qué hacer después de la secundaria?

3. ¿Cuál fue la primera compra grande para la que ahorraste? ¿Cómo ganaste el dinero?

Mentores Significativos

Los adultos fuera de tu familia a menudo ofrecen orientación única durante la adolescencia. ¿Quién ayudó a moldear tu camino en esta etapa formativa? Piensa en las personas especiales que vieron tu potencial y te ayudaron a desarrollar habilidades o perspectivas importantes.

1. ¿Quién fue tu mentor más influyente durante la adolescencia?

2. ¿Qué lecciones o habilidades específicas te enseñó esta persona?

3. ¿Cómo conociste a este mentor y por qué conectaste con él?

Primeros Amores

Las primeras relaciones traen emociones nuevas y lecciones impor-
tantes. ¿Qué recuerdas de tus primeras experiencias con el romance?
Reflexiona sobre esas primeras conexiones que te enseñaron a cuidar
a alguien más.

1. ¿Quién fue tu primer gran amor o tu primer interés romántico importante? ¿Cómo lo conociste?

2. ¿Qué hiciste en tu primera cita formal?

3. ¿Cómo enfrentaste tu primera desilusión amorosa?

Lazos de Amistad

Los amigos que elegimos en la adolescencia a menudo se convierten en testigos de nuestro crecimiento y cambios. ¿Quién estuvo a tu lado durante estos años formativos? Reflexiona sobre cómo estas relaciones influyeron en quién eres y en los recuerdos que crearon juntos.

1. ¿Quiénes fueron tus amigos más cercanos durante la adolescencia?

2. ¿Qué aventuras o travesuras vivieron juntos?

3. ¿Sigues en contacto con alguno de tus amigos de la adolescencia hoy en día?

Creciendo en Independencia

Ganar movilidad y libertad marca un hito importante en la vida adolescente. ¿Cómo viviste tus primeros pasos hacia la independencia? Comparte la emoción y la responsabilidad que vinieron con la capacidad de valerte por ti mismo.

1. ¿Cuándo y cómo aprendiste a conducir?

2. ¿A dónde fuiste en tu primera aventura en solitario lejos de casa?

3. ¿Cuál fue tu primer auto y cómo lo conseguiste?

Aprendiendo de los Errores

Los adolescentes a menudo aprenden lecciones valiosas a partir de errores y malas decisiones. ¿Qué experiencias desafiantes te enseñaron importantes lecciones de vida? Piensa en cómo estos momentos moldearon tu comprensión de las consecuencias y la responsabilidad.

1. ¿En qué problema más serio te metiste como adolescente?

2. ¿Cómo respondieron tus padres u otros adultos ante tus errores?

3. ¿Qué lecciones prácticas aprendiste de tus mayores tropiezos adolescentes?

Sueños Adolescentes

Las mentes jóvenes a menudo arden con ambición y visión para el futuro. ¿Qué esperanzas y sueños te motivaban durante tu adolescencia? Reflexiona sobre las aspiraciones que guiaron tus decisiones y ayudaron a formar tu sentido de propósito.

1. ¿Cuáles eran tus mayores sueños y ambiciones como adolescente?

2. ¿Quién o qué inspiró estas aspiraciones?

3. ¿Qué pasos concretos diste para alcanzar estos sueños?

3

Encontrando el Camino

Antes de la familia y una vida estable, viviste un viaje de autodescubrimiento. Comparte cómo la determinación, el trabajo duro y los primeros retos de la vida te formaron en quien eres hoy.

Dejando el Nido

Independizarse es emocionante y desafiante. ¿Cómo fue establecerte por tu cuenta por primera vez? Piensa en esos primeros días de descubrir cómo vivir la vida adulta a tu manera.

1. ¿Cuál fue tu primera experiencia estando realmente por tu cuenta?

2. ¿Qué fue lo que más te sorprendió de vivir solo por primera vez?

3. ¿Qué habilidades prácticas te hubiera gustado aprender antes de mudarte?

Tu Primer Trabajo Real

Ganar tu propio dinero es un hito importante en la adultez. ¿Qué recuerdas de tu entrada al mundo laboral? Piensa en cómo ese primer sueldo y experiencia laboral moldearon tu comprensión del trabajo y la responsabilidad.

1. ¿Cuál fue tu primer trabajo real y cómo conseguiste que te contrataran?

2. ¿Cuánto fue tu primer sueldo y qué hiciste con el dinero?

3. ¿Cómo era un día típico en tu primer trabajo?

Superando Obstáculos

No todo sale según lo planeado cuando te independizas. ¿Qué desafíos significativos enfrentaste en tus primeros años como adulto? Reflexiona sobre cómo manejaste las decepciones y qué te enseñaron sobre la resiliencia.

1. ¿Cuál fue tu mayor tropiezo o fracaso en tus primeros años de adultez?

2. ¿Qué pasos específicos tomaste para superar ese obstáculo?

3. ¿Qué habilidades o lecciones aprendiste al superar este reto?

Desarrollando tus Habilidades

La adultez requiere adquirir habilidades que te sirvan toda la vida. ¿Qué habilidades importantes aprendiste durante esta etapa? Piensa tanto en habilidades prácticas como en conocimientos que te ayudaron a manejar la vida independiente.

1. ¿Qué habilidad importante fue la que más tiempo te tomó dominar?

2. ¿Cómo te enseñaste a ti mismo cosas que nadie te mostró?

3. ¿Qué educación o capacitación formal seguiste después de la secundaria?

Encontrando tu Camino

Descubrir un trabajo significativo a menudo requiere exploración y experimentación. ¿Cómo encontraste dirección en tu vida profesional? Reflexiona sobre el camino que te llevó a un trabajo que se ajustara a tus talentos e intereses.

1. ¿Cómo descubriste a qué querías dedicarte profesionalmente?

2. ¿Qué carreras o caminos diferentes consideraste antes de encontrar tu enfoque?

3. ¿Cuál fue el primer proyecto o logro que te dio una profunda sensación de satisfacción?

Personas que te Apoyaron

El éxito rara vez ocurre sin la ayuda de otros en el camino. ¿Quiénes jugaron roles importantes en tu desarrollo profesional temprano? Piensa en las personas que te ofrecieron orientación, oportunidades o ánimo mientras te establecías.

1. ¿Quién fue tu mentor profesional más importante y cómo lo conociste?

2. ¿Qué consejo o técnica de un mentor tuvo el mayor impacto en tu forma de trabajar?

3. ¿Qué hiciste para agradecer a quienes te ayudaron en el camino?

Encrucijadas

La adultez temprana a menudo presenta elecciones con grandes consecuencias. ¿Qué decisiones importantes marcaron el rumbo de tu vida durante este período? Reflexiona sobre cómo navegaste estas encrucijadas y su impacto en tu futuro.

1. ¿Cuál fue la decisión más trascendental que tomaste en tus veintes?

2. ¿Cómo evaluaste tus opciones al enfrentar esta gran decisión?

3. ¿Qué cambió en tu vida justo después de tomar esa decisión?

4

Corazones Entrelazados

Algunas historias lo cambian todo. Cuéntanos sobre cómo conociste a la abuela: cómo comenzó su amor, cómo creció hasta convertirse en una sociedad, y cómo creó la familia de la que hoy formamos parte.

El Primer Encuentro

El inicio de una relación importante suele convertirse en un recuerdo muy especial. ¿Qué recuerdas sobre la primera vez que conociste a la abuela? Piensa en ese encuentro inicial y en tus primeras impresiones.

1. ¿Dónde estabas exactamente cuando conociste a la abuela por primera vez?

2. ¿Qué llevaba puesto o qué estaba haciendo cuando la notaste por primera vez?

3. ¿Quién habló primero y cuáles fueron las primeras palabras que intercambiaron?

Descubriendo su Mundo

Las primeras relaciones implican descubrir quién es realmente alguien más allá de las primeras impresiones. Reflexiona sobre cómo llegaron a conocerse, sus personalidades, intereses y orígenes.

1. ¿Qué actividades o intereses descubrieron que tenían en común tú y la abuela?

2. ¿Dónde solían encontrarse para conversar en esos primeros días?

3. ¿Qué fue lo que más te sorprendió de ella al conocerla mejor?

La Primera Cita

Una primera cita suele marcar el comienzo oficial de una relación romántica. ¿Qué recuerdas de tu primera cita real con la abuela? Reflexiona sobre las conversaciones y sentimientos que acompañaron esa ocasión especial.

1. ¿A dónde llevaste a la abuela en su primera cita oficial?

2. ¿Recuerdas de qué hablaron durante esa primera cita?

3. ¿Hubo algo inesperado o especialmente memorable esa noche?

El Momento Perfecto

Cuéntanos sobre ese momento que cambió tu vida, cuando supiste que era hora de proponer matrimonio. ¿Qué emociones y pensamientos pasaban por tu cabeza mientras te preparabas para hacer esa pregunta tan especial?

1. ¿Cuánto tiempo llevaban saliendo antes de decidir proponer matrimonio?

2. ¿Cómo planeaste la propuesta y dónde ocurrió?

3. ¿Qué palabras exactas usaste cuando le pediste que se casara contigo?

La Cuenta Regresiva al Siempre

Comparte la emoción y anticipación de planear tu boda. ¿Qué momentos se destacan mientras tú y tu futura esposa creaban la celebración que marcaría el comienzo de su vida juntos?

1. ¿Cuánto duró su compromiso y quién ayudó a planear la boda?

2. ¿Cuál fue el mayor desafío al preparar el gran día?

3. ¿Qué decisiones tomaron juntos sobre la ceremonia y la celebración?

El Día de la Boda

Llévanos de vuelta a ese hermoso día en el que tú y la abuela se dieron el «sí, acepto». ¿Qué recuerdos te invaden cuando piensas en los momentos previos, durante y después de la ceremonia?

1. ¿En qué fecha se casaron y dónde se llevó a cabo la ceremonia?

2. ¿Qué detalles recuerdas más vívidamente sobre la ceremonia?

3. ¿Dónde fue su luna de miel y qué hicieron para celebrar?

Su Primer Hogar Juntos

Cuéntanos sobre cómo crearon su primer hogar juntos. ¿Cómo fue arreglar su propio espacio y construir una vida solo para ustedes dos?

1. ¿Dónde estaba su primer hogar juntos y cómo lo encontraron?

2. ¿Cómo amueblaron y decoraron su primer lugar?

3. ¿Tenían un lugar o habitación favorita en su primer hogar?

Encontrando su Ritmo

Comparte cómo tú y la abuela se adaptaron a la vida de casados. ¿Cuáles fueron algunos momentos memorables al aprender a trabajar en equipo y construir sus rutinas diarias como recién casados?

1. ¿De qué tareas del hogar se encargaba cada uno?

2. ¿Qué nuevos hábitos o tradiciones establecieron como recién casados?

3. ¿Qué descubriste sobre la abuela que te sorprendió después del matrimonio?

Fortaleciéndose Juntos

Piensa en el primer gran desafío que enfrentaron como pareja casada.
¿Cómo trabajar juntos para superarlo moldeó su relación?

1. ¿Cuál fue el primer gran reto que enfrentaron juntos como pareja casada?

2. ¿Qué pasos prácticos tomaron para superar ese obstáculo?

3. ¿Cómo se apoyaron mutuamente durante ese momento difícil?

5

El Viaje de Papá

*Nada transforma una vida como convertirse en padre.
¿Cómo fue sostener a tu primer hijo? Comparte las
sorpresas, sacrificios y alegrías de ver crecer a tus hijos.*

Conociendo a tu Primer Hijo

Llévanos al momento en que te convertiste en padre por primera vez. ¿Qué sentimientos te invadieron al sostener a tu bebé por primera vez?

1. ¿En qué fecha y a qué hora nació tu primer hijo?

2. ¿Qué estaba pasando en las horas previas al nacimiento?

3. ¿Recuerdas lo primero que dijiste cuando viste a tu bebé?

Esos Primeros Días

Comparte tus recuerdos de esas preciosas primeras semanas como papá. ¿Qué destaca de los momentos tranquilos y las aventuras diarias al aprender a cuidar a tu pequeño?

1. ¿Qué tarea de cuidado del bebé te pareció más difícil al principio?

2. ¿Qué trucos descubriste para calmar a un bebé que lloraba?

3. ¿Qué artículo o herramienta para el bebé fue la más útil durante esos primeros días?

Aprendiendo de tus Hijos

A menudo, los hijos enseñan tanto a los adultos como los adultos a ellos. ¿Qué lecciones inesperadas aprendiste de tus hijos? Piensa en cómo te ayudaron a ver el mundo con nuevos ojos y a ganar nuevas perspectivas.

1. ¿Cuál de tus hijos te enseñó más sobre la paciencia y cómo lo hizo?

2. ¿Qué es lo más sorprendente que uno de tus hijos te enseñó?

3. ¿Cómo te ayudaron tus hijos a ver el mundo de manera diferente?

Jugando con tus Hijos

La diversión y los juegos crean lazos especiales entre los padres y los hijos. ¿Qué actividades les dieron más alegría a ti y a tus niños? Reflexiona sobre los momentos de juego que fortalecieron tu conexión con ellos.

1. ¿Qué juegos o actividades disfrutabas regularmente con tus hijos?

2. ¿Qué salida especial o tradición estableciste con ellos?

3. ¿Había alguna historia que a tus hijos les encantaba escuchar una y otra vez?

Viéndolos Crecer

Los hitos de los hijos también marcan capítulos importantes en la vida de un padre. ¿Qué momentos del desarrollo de tus hijos se destacan más en tu memoria? Considera los logros, celebraciones y transiciones que te llenaron de orgullo como papá.

1. ¿Qué logro de tus hijos te llenó más de orgullo?

2. ¿Cómo celebrabas los momentos importantes en la vida de tus hijos?

3. ¿Qué evento o presentación escolar recuerdas más vívidamente?

6

El Valor del Trabajo

El trabajo es más que lo que hacemos: es parte de quiénes somos. Cuéntanos sobre los trabajos que tuviste, las lecciones que aprendiste y cómo tu esfuerzo construyó una vida llena de propósito.

Primeros Días en el Trabajo

Empezar un nuevo empleo a menudo deja recuerdos duraderos. ¿Cómo fue cuando comenzaste tu primer trabajo importante? Piensa en esos días iniciales y en la mezcla de emoción e incertidumbre que los acompañó.

1. ¿Cuál fue tu primer trabajo importante y cómo conseguiste que te contrataran?

2. ¿Recuerdas qué llevabas puesto el primer día?

3. ¿Qué tareas te asignaron durante la primera semana?

Aprendiendo el Oficio

Dominar habilidades laborales lleva tiempo y, a menudo, implica aprender de los errores. ¿Cómo desarrollaste tus competencias en tus primeros años de trabajo? Reflexiona sobre las lecciones importantes y las personas que te ayudaron a formar tus habilidades profesionales.

1. ¿Cuál fue la primera habilidad importante que tuviste que dominar en el trabajo?

2. ¿Qué error te enseñó una valiosa lección sobre tu profesión?

3. ¿Había herramientas o equipos que tuviste que aprender a usar en el trabajo?

Encontrando tu Vocación

Muchas personas prueban diferentes caminos antes de encontrar un trabajo que realmente les convenga. ¿Cómo encontraste un trabajo significativo en tu vida? Piensa en el camino que te llevó a una carrera que coincidiera con tus habilidades e intereses.

1. ¿Cuántos trabajos o carreras diferentes probaste antes de encontrar tu camino?

2. ¿Qué talentos o habilidades descubriste que tenías gracias a tu trabajo?

3. ¿Cuándo te diste cuenta de que habías encontrado la carrera o el trabajo adecuado?

La Vida Laboral Diaria

Los días de trabajo normales forman la base de una carrera. ¿Cómo era tu jornada laboral típica durante tus años principales de trabajo? Piensa en las rutinas, desafíos y satisfacciones que caracterizaron tu experiencia diaria en el trabajo.

1. ¿Cómo era tu horario típico de trabajo durante tus años más activos laboralmente?

2. ¿Cómo era tu trayecto al trabajo y cómo llegabas allí?

3. ¿Cómo era tu espacio de trabajo y cómo lo organizabas?

Mentores Profesionales

La orientación de colegas experimentados puede marcar una gran diferencia en una carrera. ¿Quién te ayudó a moldear tu desarrollo profesional? Reflexiona sobre las personas que influyeron en tu ética laboral, habilidades y enfoque hacia tu carrera.

1. ¿Quién fue tu mentor profesional más importante y cómo te guió?

2. ¿Qué técnica o enfoque específico te enseñó alguien que aún valoras?

3. ¿Cuál fue el mejor consejo que un supervisor o colega te dio sobre el trabajo?

Momentos de Logro

Todos tenemos momentos profesionales de los que estamos particularmente orgullosos. ¿Qué logros en tu vida laboral te dieron mayor satisfacción? Piensa en los proyectos, reconocimientos o hitos que representaron tu mejor trabajo.

1. ¿Qué consideras tu mayor logro en tu vida laboral?

2. ¿De qué proyecto o creación te sientes más orgulloso de haber completado?

3. ¿Cómo celebraste tus logros profesionales más importantes?

Desafíos Profesionales

La vida laboral inevitablemente incluye contratiempos y obstáculos que superar. ¿Qué decepciones o fracasos significativos enfrentaste en tu carrera? Reflexiona sobre cómo manejaste estas dificultades y qué te enseñaron sobre la resiliencia.

1. ¿Cuál fue tu mayor fracaso o revés profesional?

2. ¿Cómo manejaste una situación en la que cometiste un error significativo en el trabajo?

3. ¿Hubo un momento en el que tuviste que empezar de nuevo o reconstruir después de un revés laboral?

7

El Ancla de la Familia

Toda familia necesita su centro estable. Cuéntanos cómo te convertiste en el corazón de la nuestra: la persona a quien todos acudimos en busca de fortaleza, sabiduría y amor.

Tradiciones Familiares

Las costumbres y celebraciones regulares ayudan a crear identidad y conexión familiar. ¿Qué tradiciones especiales unieron a tu familia a lo largo de los años? Piensa en los rituales significativos que crearon un sentido de pertenencia y continuidad.

1. ¿Qué tradición familiar esperabas con más ilusión cada año?

2. ¿Qué hiciste para mantener vivas las costumbres culturales o familiares importantes?

3. ¿Qué ritual de celebración o festividad te gustaría que las futuras generaciones continuaran?

Estar para los Demás

A veces, los miembros de la familia solo necesitan a alguien que escuche realmente sus preocupaciones. ¿Cómo apoyaste a tus seres queridos en momentos difíciles? Reflexiona sobre las formas en que te hiciste presente cuando necesitaban orientación o un oído comprensivo.

1. ¿Cómo te aseguraste de ser una persona accesible para quienes buscaban guía?

2. ¿Qué enfoque tomabas cuando alguien acudía a ti con un problema?

3. ¿Hubo algún miembro de la familia que acudiera a ti con más frecuencia por consejos? ¿Sobre qué temas solía preguntarte?

Resolviendo Problemas Familiares

Cada familia enfrenta desafíos que requieren soluciones creativas. ¿Qué papel desempeñaste al resolver dificultades familiares? Reflexiona sobre las situaciones en las que tu intervención o enfoque ayudaron a manejar problemas complicados en la familia.

1. ¿Cuál fue la mayor crisis familiar que ayudaste a resolver?

2. ¿Cómo manejaste los conflictos entre los miembros de la familia?

3. ¿Recuerdas algún momento en el que tuviste que resolver un problema familiar de una manera muy creativa?

Reuniones Familiares

Reunirse para celebrar crea recuerdos importantes y fortalece los lazos. ¿Qué hacía especiales las reuniones familiares en tu hogar? Piensa en las ocasiones memorables en las que la familia extendida se reunía y lo que hacía esos momentos significativos.

1. ¿Qué reunión familiar recuerdas con más cariño y por qué?

2. ¿Cómo te preparabas para las grandes celebraciones familiares?

3. ¿Había juegos o actividades que siempre unían a la familia durante las reuniones?

Protector de la Familia

Cuidar a los seres queridos a veces significa protegerlos de daños o dificultades. ¿Cómo cumpliste el papel de protector en tu familia? Piensa en las diferentes maneras en que mantuviste a tu familia segura, protegida y a salvo.

1. ¿Hubo una ocasión en la que tuviste que proteger físicamente a un miembro de la familia?

2. ¿Cómo aseguraste la estabilidad financiera de tu familia en tiempos difíciles?

3. ¿Qué medidas tomaste para garantizar la seguridad de tu hogar y tu familia?

Apoyando Logros

Estar presente para celebrar los éxitos de los miembros de la familia crea lazos duraderos. ¿Cómo participaste en los momentos importantes de tu familia? Reflexiona sobre las formas en que celebraste y alentaste los logros de tus seres queridos.

1. ¿Cómo celebraste los logros de los diferentes miembros de tu familia?

2. ¿Qué logro familiar te llenó de más orgullo como líder de la familia?

3. ¿Cómo alentaste a los miembros de la familia que estaban luchando por alcanzar sus metas?

Huellas en el Tiempo

El legado de una vida bien vivida a menudo se refleja en los valores transmitidos a las futuras generaciones. ¿Qué impacto duradero esperas dejar en tu familia?

1. ¿Qué valor o principio familiar esperas que continúe por generaciones?

2. ¿Cómo has preparado a la próxima generación para asumir roles de liderazgo en la familia?

3. ¿Qué objetos o recuerdos tangibles has conservado para pasar a las futuras generaciones?

8

Amor Multiplicado

Dicen que convertirse en abuelo es una segunda oportunidad para experimentar el amor perfecto. Comparte la alegría de ver a tus hijos criar a los suyos y el vínculo especial que tienes con nosotros.

El Primer Encuentro

El momento en que conoces a tu primer nieto crea un recuerdo único. ¿Cómo fue sostener a tu nieto por primera vez? Piensa en esos momentos iniciales y en las emociones que acompañaron esta nueva relación.

1. ¿Dónde estabas cuando sostuviste a tu primer nieto y quién te lo entregó?

2. ¿Cómo era tu primer nieto y a quién se parecía?

3. ¿Qué dijiste o hiciste cuando lo sostuviste por primera vez?

Un Amor Diferente

Ser abuelo ofrece una relación única con los niños, distinta a la de ser padre. ¿Cómo ha sido ser abuelo comparado con ser padre? Reflexiona sobre las alegrías y libertades especiales que vienen con este rol.

1. ¿Qué actividades disfrutas con tus nietos que rara vez hacías con tus propios hijos?

2. ¿Cómo ha cambiado tu forma de pasar tiempo con los niños ahora que eres abuelo?

3. ¿Qué libertades tienes como abuelo que no tenías como padre?

Compartiendo Historias Familiares

Los abuelos suelen ser los guardianes y narradores de la historia familiar. ¿Qué historias compartes con tus nietos? Piensa en los relatos de tu vida o de la historia familiar que has transmitido a las nuevas generaciones.

1. ¿Qué historia te piden contar con más frecuencia tus nietos?

2. ¿Qué historia familiar o experiencia personal te aseguras de que cada nieto escuche?

3. ¿Qué lección importante has tratado de enseñar a través de tus relatos?

Viéndolos Crecer

Los abuelos tienen el privilegio de observar el crecimiento de los niños desde una perspectiva especial. ¿Cómo ha sido ver crecer y cambiar a tus nietos? Reflexiona sobre los hitos y avances que has presenciado en sus vidas.

1. ¿Qué logro o hito de un nieto te llenó de más orgullo?

2. ¿Cómo documentas o registras el crecimiento y los logros de tus nietos?

3. ¿Qué talento o habilidad inesperada notaste en uno de tus nietos?

Transmitiendo Tradiciones

Las costumbres familiares ayudan a conectar generaciones y a crear recuerdos duraderos. ¿Qué tradiciones significativas has compartido con tus nietos? Piensa en cómo has ayudado a mantener prácticas familiares importantes y tal vez creado algunas nuevas.

1. ¿Qué tradición familiar te emocionaba más compartir con tus nietos?

2. ¿Qué nueva tradición has creado específicamente con ellos?

3. ¿Cómo les transmites el significado y la historia de las tradiciones familiares?

Salidas Especiales

Compartir experiencias crea lazos únicos entre abuelos y nietos. ¿Qué aventuras o actividades has disfrutado con tus nietos? Piensa en las salidas especiales, habilidades o tradiciones que se han convertido en «tu sello» con la generación más joven.

1. ¿Qué actividad o salida regular se convirtió en tu sello con tus nietos?

2. ¿Qué habilidad o pasatiempo les has enseñado durante su tiempo juntos?

3. ¿Cuál fue el viaje o actividad más ambiciosa que emprendiste con tus nietos?

Momentos Preciosos

Las pequeñas interacciones con los nietos a menudo se convierten en recuerdos valiosos. ¿Qué momentos simples con ellos han tocado tu corazón? Reflexiona sobre las experiencias conmovedoras que capturan la relación especial que comparten.

1. ¿Qué fue lo más gracioso o divertido que ha dicho o hecho uno de tus nietos?

2. ¿Qué gesto o regalo de un nieto significó más para ti?

3. ¿Hay alguna fotografía o recuerdo de un nieto que atesores especialmente?

9

Las Pasiones de un Hombre

La vida es más que trabajo y responsabilidades. Cuéntanos sobre los pasatiempos, aventuras y pequeñas alegrías que hicieron tu vida más rica y significativa.

Películas Favoritas

Las películas pueden convertirse en puntos de referencia importantes a lo largo de nuestra vida. ¿Qué filmes han sido significativos para ti con los años? Piensa en experiencias memorables en el cine y cómo el cine ha sido parte de tu recorrido personal.

1. ¿Cuál fue la primera película que recuerdas haber visto en el cine y dónde fue?

2. ¿Qué actor o actriz admirabas más y en qué películas?

3. ¿Qué película has visto más veces que cualquier otra y por qué?

Amor por la Lectura

Los libros ofrecen compañía, sabiduría y una forma de escapar en diferentes etapas de la vida. ¿Qué papel han jugado los libros en tu vida? Reflexiona sobre las historias e ideas que han influido en tu manera de pensar o que te han brindado disfrute a lo largo de los años.

1. ¿Qué libro tuvo el mayor impacto en tu forma de pensar o vivir?

2. ¿Con qué personaje literario te identificaste o admiraste más?

3. ¿Cómo encontrabas tiempo para leer durante tus años más ocupados?

Colecciones y Recuerdos

Reunir objetos que tienen un significado especial puede convertirse en una pasión de toda la vida. ¿Has coleccionado algo a lo largo de tu vida? Reflexiona sobre las colecciones que formaste y las historias detrás de tus piezas favoritas.

1. ¿Qué objetos específicos coleccionaste y cuándo comenzaste?

2. ¿Cómo organizabas o exhibías tu colección?

3. ¿Hay alguna historia especial detrás de tu pieza favorita en la colección?

Actividades al Aire Libre

Muchas personas encuentran paz, desafío o alegría en la naturaleza y actividades al aire libre. ¿Qué experiencias al aire libre han sido importantes en tu vida? Piensa en los entornos naturales y actividades que te han brindado satisfacción o aventura.

1. ¿Qué actividad al aire libre disfrutabas más?

2. ¿Cuál era tu lugar natural favorito para visitar y por qué?

3. ¿Puedes compartir tu experiencia al aire libre más memorable, ya sea una aventura o un contratiempo?

Manualidades y Creaciones

Trabajar con tus manos para crear algo nuevo trae una satisfacción especial. ¿Qué proyectos o manualidades disfrutaste a lo largo de tu vida? Piensa en las habilidades que desarrollaste y en la satisfacción de crear cosas tangibles.

1. ¿En qué pasatiempo práctico pasaste más tiempo perfeccionándote?

2. ¿Qué herramientas eran esenciales para tu manualidad o pasatiempo?

3. ¿De qué proyecto te sientes más orgulloso de haber completado?

La Banda Sonora de tu Vida

La música a menudo se entrelaza con nuestros recuerdos y experiencias más significativos. ¿Qué papel ha jugado la música en tu vida? Reflexiona sobre tus canciones, artistas o experiencias musicales favoritas que han sido la banda sonora de tu recorrido.

1. ¿Qué tipo de música escuchabas en tu juventud?

2. ¿Tocabas algún instrumento musical y cómo aprendiste?

3. ¿Hay alguna canción que te recuerde un momento o recuerdo específico de tu vida?

Deportes y Competencia

Las actividades deportivas ofrecen emoción, comunidad y desafíos a lo largo de la vida. ¿Qué deportes han sido significativos en tu experiencia? Reflexiona sobre tu participación como jugador o aficionado y los momentos memorables.

1. ¿Qué deporte disfrutabas jugar más y en qué posición?

2. ¿A qué equipo apoyaste con más lealtad y cómo comenzó esa pasión?

3. ¿Cuál fue el evento deportivo más emocionante que presenciaste en persona?

Momentos de Tranquilidad

Tomarte tiempo para actividades solitarias proporciona equilibrio y renovación. ¿Qué pasatiempos tranquilos has valorado a lo largo de tu vida? Piensa en las maneras en que encontraste inspiración y renovación en momentos de soledad.

1. ¿Qué actividad solitaria encontrabas más refrescante o significativa?

2. ¿Dónde estaba tu lugar favorito para leer o reflexionar?

3. ¿Cómo encontrabas tiempo para ti mismo durante los años ocupados con la familia?

Aventuras de Viaje

Explorar nuevos lugares expande nuestra perspectiva y crea recuerdos duraderos. ¿Qué viajes han sido significativos en tu vida? Reflexiona sobre los destinos, descubrimientos y experiencias que ampliaron tus horizontes.

1. ¿Cuál fue tu viaje más ambicioso o aventurero?

2. ¿Qué lugar que visitaste superó tus expectativas y cómo?

3. ¿Qué contratiempo o evento inesperado de viaje se convirtió en una gran historia?

10

Sabiduría para el Mañana

La vida es la mejor maestra, y cada desafío, error y triunfo deja lecciones que guían el futuro. Comparte los aprendizajes que has acumulado a lo largo de los años, así como los consejos y esperanzas que deseas transmitir.

Aprendiendo de los Tropiezos

Las dificultades de la vida suelen ofrecer las oportunidades de aprendizaje más poderosas. ¿Qué errores o desafíos te enseñaron lecciones importantes? Reflexiona sobre experiencias que fueron difíciles, pero que finalmente te llevaron a crecer y comprender.

1. ¿Qué decisión desearías poder tomar de nuevo y por qué?

2. ¿Qué mal hábito fue el más difícil de superar para ti?

3. ¿Hubo algún error o juicio equivocado que te dejó una valiosa lección de vida?

Placeres Simples

La verdadera felicidad a menudo proviene de apreciar las pequeñas alegrías de la vida. ¿Qué pequeños placeres te han traído felicidad? Piensa en los momentos simples que han enriquecido tu experiencia diaria.

1. ¿Qué pequeño placer valoras más ahora que cuando eras joven?

2. ¿Cuál es tu lugar favorito para disfrutar de momentos tranquilos?

3. ¿Cómo te alejabas del ajetreo de la vida para apreciar las pequeñas alegrías?

Consejos para el Futuro

Compartir la sabiduría adquirida con la experiencia es un regalo valioso para las generaciones más jóvenes. ¿Qué orientación te gustaría transmitir a quienes vienen después de ti? Reflexiona sobre las perspectivas y aprendizajes que podrían beneficiar a tus nietos y a otros.

1. ¿Qué tres consejos te gustaría que tus nietos recordaran siempre?

2. ¿Qué error esperas específicamente que tus nietos eviten?

3. ¿Cómo aconsejarías a tus nietos encontrar su propio camino en la vida?

Herencia Familiar

Cada persona es un enlace entre las generaciones pasadas y futuras. ¿Cómo has preservado las historias y tradiciones importantes de la familia? Piensa en la historia significativa que deseas que tus seres queridos recuerden y transmitan.

1. ¿Cómo documentaste o registraste los recuerdos e historias importantes de la familia?

2. ¿Qué antepasado te gustaría que tus descendientes conocieran y por qué?

3. ¿Qué artículos físicos u objetos familiares ayudan a contar la historia de nuestra familia?

Redefiniendo el Éxito

El verdadero logro a menudo se ve diferente de las medidas convencionales de estatus o riqueza. ¿Cómo ha cambiado tu comprensión de lo que hace que una vida sea plena? Reflexiona sobre lo que te ha traído satisfacción genuina más allá del éxito material.

1. ¿Cómo cambió tu definición de éxito a lo largo de tu vida?

2. ¿Qué logro te trajo la mayor satisfacción genuina?

3. ¿Qué hábitos o prácticas diarias te dieron el mayor sentido de propósito en la vida?

Esperanzas para las Futuras Generaciones

Los sueños que tenemos para quienes nos siguen reflejan nuestros valores más profundos. ¿Qué aspiraciones tienes para el futuro de tu familia? Reflexiona sobre las cualidades que esperas que enriquezcan las vidas de tus nietos y de los familiares que aún están por venir.

1. ¿Qué logro específico esperas ver en la generación de tus nietos?

2. ¿Qué rasgo o fortaleza familiar deseas que continúe a lo largo del tiempo?

3. ¿Hay alguna aventura o experiencia específica que esperas que las futuras generaciones disfruten?

Más Historias por Coleccionar

Cada padre y abuelo guarda un tesoro de recuerdos esperando ser compartidos. Nuestros libros de recuerdos bellamente diseñados ayudan a capturar estas historias preciosas antes de que se pierdan con el tiempo.

Nuestra Serie de Historias Familiares

Historia de Papá **Historia de Mamá** **Historia de Abuelo** **Historia de Abuela**

Disponible en:

• Amazon

• Principales librerías en línea

Regala un obsequio que se vuelve más valioso con el tiempo, porque la historia de cada miembro de la familia merece ser contada, compartida y atesorada.